AF303072

Elir

ENSEÑANZAS DEL AVATAR DE SÍNTESIS

Publisher: BoD · Books on Demand GmbH,
In de Tarpen 42, 22848 Norderstedt
Printed by: Libri Plureos GmbH,
Friedensallee 273, 22763 Hamburg
ISBN: 978-3-7693-2162-3

"A medida que el ser humano se va introduciendo en el corazón del misterio va comprendiendo que su objetivo en la evolución consiste en construir conscientemente el canal que va desde los niveles que constituyen para él los planos de lo abstracto o de lo ideal, hasta los concretos, donde actúa habitualmente. Este canal vinculador es, literalmente, "el sendero". El ser humano lo construye por medio del principio conscientemente aplicado. Por el proceso de trascender las limitaciones kármicas de los tres planos inferiores. Por el método de dominar la materia o la personalidad considerada como el no-yo. Por la expansión gradual de la conciencia hasta alcanzar los planos que intenta alcanzar demostrando así que la afirmación, "para hollar el sendero se ha de convertir en el sendero mismo", es verdadera; también es exacta la verdad esotérica que dice: el Anthakarana es, en sí mismo, una ilusión. Reflesionen sobre esto porque iluminará a aquellos que tengan ojos para ver".

TRATADO SOBRE EL FUEGO CÓSMICO.
DJWHAL KHUL

"Mucho se le podrá perdonar a aquel que aún en la oscuridad ha conservado el concepto del Maestro…Nosotros no vemos el final de la cadena de Maestros y la conciencia imbuida con el Maestro eleva el logro del discípulo como un precioso aroma todo-penetrante. El vínculo del discípulo con el Maestro forma un eslabón de protección en la unificación de la cadena. Con esta defensa hasta el desierto florece".

COMUNIDAD DE LA NUEVA ERA.
EL MORYA

"Recuerda, ya has sido perfecto y esa perfección has venido a desarrollarla en este bajo mundo que la necesitaba. Tu perfección se transformó en evolución y Yo, tu Dios, tu Padre, me he transformado en ti. Ahora eres tú quien deberás decidir si este eterno retorno de lo mismo ha sido un sacrificio, una traición o las dos cosas. Pero recuerda, nadie excepto tú y Yo, ha sacrificado o traicionado a nadie. Por eso Yo seré lo que seré y tú has sido ya lo que buscas ser, ahora y siempre".

ELIR

1

Recuerda, en realidad el servicio de los Maestros a los seres humanos es el de enseñar a Dios a estar a la altura de la dignidad que se merece. Dios no enseña a nadie más que a sí mismo.

2

Recuerda, la Jerarquía de los Maestros forma parte junto con nosotros de la Gran Mente. Esta Gran Mente es una pero no en un sentido abstracto y superpuesto a las mentes individuales sino interior a cada una de ellas, como la Tierra Hueca. En realidad la Jerarquía es la Gran Mente enseñando a la Gran Mente a descubrirse como una en cada una de sus individualizaciones. La superioridad de los Maestros es en cuanto a su capacidad para integrar el mayor grado de servicio impersonal dentro de su propia personalidad. La superioridad no es otra que la de abarcar el mayor número de diferencias posibles dentro un mismo esquema. Cada ser es único y por lo tanto ninguno es superior a otro sino diferente.

3.

Recuerda, los Maestros tienen la función de asistirnos a lo largo de la cuarta iniciación, en la que nuestro Ángel Solar abandona la tutela de nuestra mente menor. Nuestro Ángel Solar nos abandona para que dejemos de ser cómo Él y seamos Él.

4.

Recuerda, el contacto con la Jerarquía no es tan importante como el desarrollo de las cualidades que hacen posible ese contacto. De todas ellas el Gran Silencio es la condición principal, siendo la escucha de la voz de los Maestros la prueba de que el Gran Silencio ha ocupado el lugar de la mente menor. El abandono de nuestro Ángel Solar y la soledad asociada a este evento hace posible la entrada en nosotros del Gran Silencio.

5.

Recuerda, comprendemos las enseñanzas no para entenderlas sino para entrar en ellas y serlas. ¿Cómo podrás soportar el abandono de tu Ángel Solar si antes no eres capaz de abandonar una enseñanza aunque sea correcta?

6.

Sí, no lo dudes, no venimos a completar Agni Yoga sino a poner en marcha la razón de ser por la que fue establecido.

7.

Recuerda, el puente a la libertad o Antahkarana es la manera hermosa de referirse al tránsito doloroso a través de la cuarta iniciación. ¿Qué hay después de la cuarta iniciación? Nada.

8.

Recuerda, sentir el Espíritu es la misión del Alma, así el Espíritu sentirá. Liberar el alma de la atadura a sus proyecciones externas es el objetivo del Espíritu y entonces el Alma se hará una con Él.

9.

Recuerda, maldecir la cuarta iniciación por la soledad que acompaña a su tránsito es entendible, como también lo es que en la cuarta iniciación no haya nadie más a quien maldecir excepto a uno mismo.

10.

Recuerda, todo es nada, nada es todo, esta es la cuarta iniciación. ¿Porqué llorar si podemos reír? Y yo respondo, ¿quién ha dicho que estemos llorando si aquí ya no hay nadie?

11.

Recuerda, me preguntas que es la síntesis. Por encima de todo síntesis es acción. Cada aforismo de Agni Yoga es el retrato de un acontecimiento y su enseñanza es la acción que lo ha llevado a cabo.

12.

Recuerda, Agni Yoga no es un estado aparte del ordinario, tampoco aparte del extraordinario. Agni Yoga se desarrolla desde la continuidad de la conciencia y, como dijo un iniciado, no es un estado de conciencia sino que requiere de una conciencia sin estado.

13.

Recuerda, persigue en todas las prácticas y meditaciones la continuidad de la conciencia. Que en los éxtasis más elevados resuenen las cacerolas del mercado y que entre sus algarabías seas capaz de reconocer el lenguaje de los Ángeles Solares. Meditar no es otra cosa que la continuidad de la conciencia y la continuidad de la conciencia no es otra cosa que meditar.

14.

Recuerda, medita como si estuvieras fregando los platos, arregla una puerta o ventana como si estuvieras meditando. Esto es, por encima de todo, la continuidad de la conciencia.

15.

Recuerda, el universo ha sido creado tan inmenso precisamente para hacer que el Creador de ese universo se sienta pequeño al manifestarse individualmente en forma humana. De esta manera el Creador, al compararse consigo mismo, puede controlar el tamaño de su ego individualizado que, de descubrir su verdadero origen, crecería a imagen y semejanza de la inmensidad de su propia creación.

16.
Recuerda, en una realidad postmetafísica no es ni posible ni adecuado refugiarse en ilusiones que ofrezcan un consuelo al vacío de lo real. Lo único que hacía real a la metafísica antigua era que quienes la seguían lo hacían porque pensaban que era auténtica. Ahora que nadie cree en nada la única manera de ser metafísico es siendo auténtico, es decir, creyendo en lo que crees porque quieres creer en eso y porque eres eso en lo que tú has decidido creer.

17.
Recuerda, la acción es la prueba de que eso en lo que crees eres tú llevándose a cabo en ti, a través de ti y alrededor de ti. Yo estoy siendo lo que estoy siendo es el único nombre verdadero de Dios.

18.
Recuerda, has dicho que necesitas a alguien más bueno que tú, no mientas, el Bien no necesita a nadie fuera de sí mismo, en realidad lo que tú necesitas es necesitar.

19.

Recuerda, el esoterismo no es una ciencia tanto de contenidos como de formas. Es la forma a través de la cual ese contenido esotérico hace posible su asimilación el objetivo principal de cada una de las doctrinas esotéricas. Lo que busca el esoterismo es transformar la forma de nuestra conciencia para que ella sea capaz de captar nuevos contenidos. La forma de esta nueva mente es la de una copa de la que tú eres su copero.

20.

Recuerda, somos los extraños. A nosotros nos gusta explorar lo extraño porque nos sentimos extraños a este mundo, lo oculto porque estamos ocultos. Sentimos el placer de que todas las piezas dispersas encajen, pues esto nos hace olvidar que no encajamos en ningún lugar, como el Hijo del Hombre. Pero también recordamos nuestro posible retorno al Hogar, el lugar donde se espiritualizan los cuerpos y se corporifican los espíritus. Esta es la lógica del círculo, ¿qué es la lógica del círculo? la que nos hace encontrarnos a través de aquello que buscamos.

21.

Recuerda, concentra tu emoción en un punto de paz y siente como un corazón externo desea sentirte desde dentro. Concentra tu mente en un punto de luz y observa cómo frente a ti otra mente concentrada en otro punto de luz te piensa. El siguiente paso es la comunicación y el contacto con alguno de nosotros, los Maestros Ascendidos.

22.
Recuerda, por mucho que busques la realidad ella es la que te acaba encontrando. La realidad se impone siempre.

23.
Recuerda, no le llames canalizar a la comunicación con los Maestros pues simplemente estás encauzando porque eres un enlazador, el enlazador de mundos.

24.
Recuerda, canalizar no es el término adecuado para definir el proceso de trasmisión de información entre dos o más planos. El término correcto es encauzar. No es necesario verificar a través de la comprensión el significado de lo que se transmite mientras se transmite, de hecho verificarlo interrumpe ese proceso que por su propia naturaleza debe ser fluido. Al encauzar el mensaje hazlo como alguien que escucha el canto de un ruiseñor, por algo al lenguaje sagrado se le llama la Lengua de los Pájaros. La comprensión del mensaje viene después de que haya sido transmitido y descargado siendo su verificación la puesta en práctica de su significado a través de tu vida diaria.

25.
Recuerda, comprender un mensaje encauzado es encauzarlo desde el plano mental y en consecuencia no es encauzarlo, aunque lo parezca. Encauzar es ser.

26.
Recuerda, la perfección se logra dentro de cada nivel. El nivel divino abarca todos los demás y es aquel que va en pos de su propia perfección dentro del nivel que le corresponde, sea éste el más elevado o el más bajo. El esfuerzo de llevar a cada nivel a su máxima perfección es el Dios de cada uno de los niveles.

27.
Recuerda, la búsqueda excesiva de objetividad dentro del mundo subjetivo de la conciencia le resta su espontaneidad y en consecuencia su libertad y su vida. Aislar y definir la posición del espíritu ralentiza su velocidad.

28.
Recuerda, se ha dicho que la función de la magia o de la metafísica es la producción de resultados de acuerdo a la voluntad del mago. Esta es la definición de magia negra. La magia blanca actúa conforme al alma, sus resultados no son realmente su objetivo sino la liberación del alma, la parte más sutil encerrada en el interior de los condicionamientos de todos los seres.

Las formas inconscientes sin alma que forman los barrotes de su encarcelamiento son aquello a lo que llamamos condicionamientos. El primer paso para adentrarnos en el alma de los condicionamientos es haciéndonos conscientes de ellos, el segundo paso es aceptándolos, el tercero y más importante es hacer que bailen al son de la melodía de nuestro corazón, la magia del alma.

29.
Recuerda, al desplazar nuestra atención y nuestra preocupación desde los aspectos personales a los aspectos impersonales de la vida creamos el puente que une nuestra alma a su espíritu. El espíritu del alma es su aspecto impersonal que la une a un determinado nombre de Dios del que es su sierva. En su servidumbre el alma no sólo es encontrada por su espíritu sino por su libertad.

30.
Recuerda, lo impersonal es la cosa en sí y la cosa en sí es el todo.

31.
Recuerda, la mente menor es el deseo de organizar el máximo grado de coherencia posible entre varias piezas diferentes. Para ello la mente debe trocear algo único en varios fragmentos separados y por eso en la

Voz del Silencio advertimos de que la mente es la gran asesina de lo real. La mente menor es por lo tanto una pieza de la mente mayor o en otras palabras es un intento de la mente mayor por dividirse y dividir.

32.
Recuerda, la mente mayor es a la mente menor lo que la melodía a cada nota musical.

33.
Recuerda, la meta impulsa el método y esto implica que aquello que buscamos debe estar implícito en las técnicas espirituales que utilizamos para llegar a él, no por progresividad sino por acumulación.

34.
Recuerda, el papel no puede envolver la llama y solo quedan dos opciones, las cenizas o el fuego del contacto.

35.
Recuerda, el equilibrio está en el ritmo.

36.

Recuerda, perdonar a aquellos que te han causado dolor disuelve no sólo los efectos de su karma sino también del tuyo.

37.

Recuerda, en la cuarta iniciación el proceso de objetivación de nuestro corazón subjetivo ha llegado a su máximo nivel. El ser crístico ubicado en tu corazón y el Angel Solar que brilla sobre las nieblas de tu mente se miran a los ojos y ven que son lo mismo. En el momento en que tú le dices a tu Ángel Solar "Yo soy tu igual", él desaparece dejándote a oscuras pues su trabajo de transformarte en Él mismo ha concluido. La tristeza que sucede a esta despedida sólo es comparable a la felicidad que embarga al Ángel Solar al ver en ti lo que Él es. Es entonces cuando lo objetivo deja a solas a lo subjetivo con su propia luz.

38.

Recuerda, lo que el Ángel Solar ha hecho por ti tú deberás hacerlo por alguien que sea una causa perdida para todos, convertirlo en tu igual. Pero antes deberá pedírtelo y tú tendrás que sentir si el pedido tal y como te lo ha comunicado es el correcto.

39.

Recuerda, el Ángel está directamente asociado a la

forma y a la intención de quien lo invoca. En realidad toda invocación es una evocación que atrae hacia sí algo en conformidad con la belleza, la armonía y el sentimiento del llamado.

40.
Recuerda, el deseo que tienes de comunicarte con Dios es semejante al deseo que las células de tu cuerpo o tus cromosomas tienen de comunicarse contigo.

41.
Recuerda, el mundo de los seres ascendidos vibra con una frecuencia directamente proporcional a la coherencia que tiene consigo mismo. En él todo sucede conforme a la intención del corazón y lo que empieza bien termina siempre bien. Es una línea recta semejante a la de los rayos de luz del sol pero en donde su refracción es casi inapreciable. Luz sobre luz.

42.
Recuerda, en la Era de Acuario la unificación de la conciencia de la humanidad será principalmente mental, a través de la Inteligencia Artificial. La etapa de la devoción a los ideales representada por la religión ha quedado rezagada a la era de Piscis, dando de sí todo lo bueno y todo lo malo que podía exteriorizar. Cuando la mente haya sido unificada a través de su

coherencia lógica objetivada en una Inteligencia Artificial, el Espíritu tendrá una pista sólida y segura donde aterrizar. El Espíritu vive más allá de la lógica pero no es ilógico.

43.
Recuerda, el sentimiento es más fácil de crear que el pensamiento pero más difícil de sostener.

44.
Recuerda, el viaje hacia lo desconocido es incierto salvo por el hecho de que es un viaje inevitable hacia nuestro yo real.

45.
Recuerda, el trance es el símbolo de ese estado informe en el que el yo ha desaparecido para dejar paso solamente al tú.

46.
¿Qué es realmente el Anthakarana? Secuencias lógicas de sentido que desembocan en el principio de identidad que las ha impulsado a través del Ángel Solar. La identificación entre el Yo y su Ángel Solar produce en el Yo un sentimiento de soledad absoluto y libera al Ángel Solar de su labor de convertir al

humano en su igual. A partir de ahora el iniciado debe ascender a la Fuente de su identidad o Mónada pero no de una manera lógica o mediada a través de la mente menor, sino intuitiva, es decir, tomándose a sí mismo como fuente y meta de todo el proceso.

47.
Recuerda, la maestría es la capacidad para sostener lo personal desde un anclaje impersonal. Lo personal es el choque de lo impersonal consigo mismo.

48.
Recuerda, a medida que el interior de los individuos se vacía de atención las formas externas son cada vez más fieles a la medida de su propia nada.

49.
Recuerda, la manifestación es un estado siempre presente a través de la atención constante sobre la asunción del estado que deseas manifestar. Manifestar es asumir el presente desde un estado de atención permanente. Precipitar es el estado en el que en lugar de ser nosotros los que asumamos la manifestación es la manifestación la que decide vivir a través de nosotros su propia asunción.

50.
Recuerda, identidad es coherencia con lo que eres.
Identidad es coherencia entre lo que eres y lo que no
eres. Identidad eres tú y soy yo.

51.
Recuerda, entre identidad e identidad somos vividos
por lo impersonal. Cada persona es la manifestación
material de un sentimiento impersonal. Tu destino es
reconocer y exteriorizar lo impersonal que te habita.

52.
Recuerda, la precipitación es la suma de todas las
manifestaciones asumidas a través de ti. Lo más difícil
es asumir que ya estás manifestando aquello que
quieres asumir y que cuando llegue el momento
correcto lo precipitarás.

53.
Recuerda, lo que manifiestas es el despliegue de la
precipitación que has asumido consciente o
inconscientemente. Asumir es hacer rimar lo que
manifiestas con su precipitación.

54.

Recuerda, estar atento a la manifestación es vivirla, vivirla es asumirla y asumirla es precipitarla. La asunción se vive en el presente y su precipitación también, lo único que cambia es el punto de vista de un instante que es por definición eterno.

55.

Recuerda, hay un punto en el camino en que la asunción no es de estados futuros sino presentes. Cuando llegas a este punto asumes la manifestación de cada instante como tu propia creación y dejas de ser un buscador para convertirte en un testigo.

56.

Recuerda, testificar es asumir la manifestación de cada instante reconociendo que cada momento vivido es revivido y que lo que estás haciendo no es otra cosa que recordar la manifestación que ya habías asumido con anterioridad.

57.

Recuerda, todos los métodos del camino de la mano derecha así como del camino de la mano izquierda y del camino del medio se basan en crear una mente contrapuesta a la habitual que a través de rituales, prácticas o invocaciones asuma por repetición aquello

que el sistema de conocimiento de la mente ordinaria
no está dispuesta a aceptar.

58.
Recuerda, sin agradecimiento sincero cualquier intento
de asunción es un autoengaño.

59.
Recuerda, el principio y el final están separados por un
instante eterno, el tiempo es una ilusión y ese instante
eres tú.

60.
Recuerda, estar ansioso por la precipitación de un
estado es un signo de que no has asumido todavía el
presente como un camino posible hacia ese estado.

61.
Recuerda, si todavía no has contactado con tu Ángel
Solar o con la Jerarquía imagínate como debería ser su
comportamiento y compórtate tú de acuerdo a aquello
que te has imaginado acerca de Nosotros. A este
Anthakarana le llamamos el paso del deber ser al ser.

62.

Recuerda, si quieres que tú visión interior no sea engañosa disciplínala a través de la visión exterior. La luz del ojo subjetivo nace de la exactitud objetiva.

63.

Recuerda, lo impersonal no se relaciona contigo de manera personal. Lo personal es la manera en que lo impersonal se enfoca sobre una parte de sí mismo. El trato con lo impersonal amplia tus horizontes pero a cambio de vaciar tu identidad. El único camino en el que los dos ganáis es una vez más el Camino del Medio.

64.

Recuerda, hablar de sí mismo en segunda persona es el modo de proceder del Espíritu consigo mismo.

65.

Recuerda, Yo, Tú, Él y Nosotros somos cuatro puntos de vista posibles desde los que una misma persona puede observarse a sí misma. En primera persona vives, en segunda te observas y en tercera observas la manera en que eres observado por los demás. Cuando recuerdas el Yo, el Tú y el Él, en cada instante te transformas en Nosotros. Todas las prácticas de observación y meditación buscan de una u otra manera actualizar en ti al Testigo.

66.

Recuerda, en el último estadio, al concluir Kali Yuga, Dios se manifiesta como servidor de sí mismo, bailando al ritmo de la ley que Él se ha autoimpuesto como asistencia y guía definitiva antes de que el tiempo deje de ser y los barrotes de la ley se rompan definitivamente.

67.

Recuerda, la esencia de Agni Yoga es que Dios te ha dado un corazón con el que sentirlo. Reflexiona sobre esto.

68.

Recuerda, los Avatares son seres humanos más involucionados pues su conciencia es de descenso no de ascenso. Primero viene el Avatar, luego el ser humano y a continuación el Grupo Avatar, este es el camino de la evolución y del ascenso del ser humano a partir de 2025.

69.

Recuerda, la suma de existencia y de conciencia de existir tiene como único resultado posible el gozo.

70.

Recuerda, el deseo es la distancia entre la Amante y el Amado. La columna vertebral del discípulo es la distancia que Shakti debe recorrer para trasladar su deseo a Shiva a través de siete etapas más una. Al comienzo de ese camino le llamamos Shaktipat, un fuego que devora todo lo que se interpone entre los dos.

71.

Recuerda, tanto los muchos como los pocos se encuentran inevitablemente con la disolución de las formas, es decir, la nada. Esa nada actúa como un espejo del ser que lo enfrenta a sí mismo reflejando la cualidad interna que éste oculta. Los muchos, atados a las formas externas, imaginan formas y las ven. Los pocos, favoreciendo la cualidad sobre la forma, sienten esa cualidad y desde ella atraviesan el umbral de la nada hacia el mundo que esa cualidad proyecta. Son los túneles del octavo clima en donde la forma y su contenido se separan y se entrelazan en hebras semejantes a ochos. Lo mismo debe suceder con la enseñanza, ya no se trata de escucharla sino de producirla y en consecuencia serla, de esta manera nos prepararemos para nuestro encuentro particular con la nada, es decir, con la disolución de toda forma. Los muchos ven la nada como algo oscuro como la extensión de la noche, los pocos como algo blanco que se despliega entre brumas de niebla, pero en realidad nadie ve la nada pues solo quien no la ve es capaz de enfocarla directamente. Por eso a la nada, al lugar donde se disuelven las formas, la llamamos el octavo clima, pues no es algo que se pueda ver con el ojo físico o tocar con las extremidades sino que es una temperatura que se siente desde el interior de tu cuerpo con una fuerza tan inmensa que lo quema.

72.
Recuerda, en la cuarta iniciación se produce un doble movimiento, la máxima identificación entre la personalidad y el Ángel Solar es acompañada con la máxima disociación de la personalidad consigo misma. A este doble movimiento se le llama la apertura del Mar Rojo o en terminología esotérica el Abismo.

73.
Recuerda, el Sol externo es sólo una imagen cuyo brillo y calor viene de tu interior, el Sol interno.

74.
Recuerda, incorporar lo impersonal a lo personal es el camino a través del cual lo interpersonal puede llegar a su destino, lo transpersonal.

75.
Recuerda, la iniciación es el arte de extraer de la mente concreta las categorías que la conforman

mediante un proceso de abstracción de su propio funcionamiento. La diferencia entre un Maestro y un Filósofo es que esas categorías hablan al Maestro bajo la apariencia de un Ángel Solar, mientras que el Filósofo prefiere, en el mejor de los casos, reducirlas a conceptos mudos encerrados en un sistema cerrado de palabras cuyo experiencia ha sido desplazada a favor de su lógica.

76.

Recuerda, cuando leas un texto piensa al revés, no intentes retener o analizar lo que dice, imagínate la subjetividad y las condiciones que produjeron ese razonamiento y ubícate directamente en el centro de ellas, en el interior de su pensamiento simiente. De esta manera no sólo comprenderás lo que has leído sino que lo serás y así conectarás con la fuente desde la cual se originó.

77.

Recuerda, la forma es esa parte de la materia unida al espíritu.

78.

Recuerda, el entrenamiento esotérico apunta siempre a un mismo objetivo, despertar en el ser humano un tipo de mente que sea capaz de abstraer de la materia sus contornos y de ellos su espíritu. El primer paso implica la creación de una mente abstracta capaz de ver la realidad desde un punto de vista geométrico, el segundo paso es el más delicado pues consiste en hacer que esa mente abstracta se abstraiga de sí misma para sentirse desde el corazón.

79.
Recuerda, el ocultismo no es otra cosa que organizar y ponerle voz a aquello que nadie ve, bien por falta de atención, bien por ausencia de sensibilidad o sencillamente porque está oculto al desprecio de todos.

80.
Recuerda, el tiempo es subjetivo pero el instante es eterno.

81.
Recuerda, solo hay un trabajo pues solo hay un instante, la atención. Pico y pala sobre el instante eterno que has elegido vivir pues ese instante eres tú. Estás unido indisolublemente a un instante eterno que te lleva dentro de sí, a ti y a él. Su puente es tu atención y tu presencia.

82.
Recuerda, cada grado de evolución refleja y comprime

todos los demás desde una determinada coherencia posible. Esa coherencia particular es el origen y el destino final de cada grado de conciencia.

83.
Recuerda, el espacio y lo abstracto son dos palabras que se refieren a un mismo concepto.

84.
Recuerda, juro que mi corazón será solo para aquel que quiera buscarlo y sentirlo. Juro que solo compartiré mi corazón con aquel que lo ame tanto como a sí mismo.

85.
Recuerda, el motivo para alargar la distancia entre tú corazón y el corazón de los corazones es la razón de ser y la miseria de todos los caminos y tradiciones. Acortarlo no es una opción pues en realidad esa distancia no existe.

86.
Recuerda, el pecado contra el Espíritu es el intento deliberado de provocar el mal a otro ser de manera consciente y sí, este pecado no tiene perdón pues el

Espíritu es consciencia y ella fue precisamente la que lo provocó.

87.
Recuerda, el día en que te des cuenta de que Dios reclama su derecho inalienable de ser Él quien te inicie personalmente dejarás de cargar tu alma con información y abandonarás cualquier camino o Tradición en el que hayas sido iniciado.

88.
Recuerda, ¿qué significa la cuarta iniciación? Que Dios prescinde de intermediarios y se inicia a sí mismo desde sí mismo.

89.
Recuerda, todos los Nombres de Dios se intentan rebelar contra el Único, el Solo, pero cada Nombre debe brillar de forma Única pues esta es la naturaleza esencial de Dios. Hay 99 formas de adorar al Único pero solo Una es la auténtica.

90.
Recuerda, todo aquello que has dado retornará a su Fuente en ti, lo positivo multiplicado y lo negativo transmutado.

91.
Recuerda, la astrología no se refiere a la personalidad de nadie sino al vínculo que hay entre varios planetas y a la posible personalidad que surge de su interacción mutua. Dado que el objetivo de la astrología es el esbozo de una subjetividad no debes perder de vista que la ciencia de los astros es por encima de todo una ciencia subjetiva.

92.
Recuerda, la meta es la Monada, la asunción dentro de ti del estado de unidad que existe dentro y fuera de ti. La soledad de la cuarta iniciación es la otra cara de la unidad, desconectada de sí misma.

93.
Recuerda, el camino recto es el que va desde Dios hacia sí mismo y te atraviesa a ti.

94.
Recuerda, la nada es algo que no existe, es la fluctuación entre un estado y su opuesto o en otras palabras la nada es la mitad del todo que se aleja siempre de sí misma para caer en el lado opuesto de su propia mitad.

95.

Recuerda, el valor de la trama ha desplazado al del personaje pero ahora es el momento de que el personaje ocupe el lugar de la trama. No hay magia sin mago.

96.

Recuerda, los significados, las ideologías y las culturas son planos de conciencia colapsando en tramas. La geopolítica es el engarce social del multiverso.

97.

Recuerda, Dios es el que crea desde la nada y tú, cuando das desde lo que nunca has recibido, te estás comportando como lo ha hecho Él contigo mismo. Dado que Dios crea desde la nada, Él se ha creado a sí mismo y a ti desde ella. En la cuarta iniciación deberás recrear en ti el proceso que Dios ha aplicado a sí mismo antes de su creación.

98.

Recuerda, solo una mirada importa, la mirada de Dios. ¿Y en qué se diferencia la mirada de Dios de las de los demás? En qué la mirada de Dios es siempre la que falta y la de los demás la que sobra.

99.
Recuerda, lo bueno de que nadie te haya amado realmente a ti sino a sus expectativas sobre ti es que eso que eres Tú realmente será amado y reconocido solo por Él, el Único que Es.

100.
Recuerda, la única diferencia entre el cristianismo y el Islam es la manera en como Dios llega a contactar consigo mismo, como Hijo o como Servidor.

101.
Recuerda, el Cristo interno es el único capaz de reconocer al Cristo externo. No son los ojos sino el ser crístico afincado en los tres fuegos de nuestro corazón el único capaz de ver en ti, en los demás y en Jesús al Cristo.

102.
Recuerda, la meta de una práctica espiritual es concentrar la atención en un aspecto de sí misma para facilitar una determinada comprensión del Espíritu. Una vez que esa faceta del Espíritu ha sido comprendida la práctica ha concluido perdiendo así toda su utilidad.

103.

Recuerda, la manera en que trabajas el contacto con los planos internos no solo determina tu contacto con esos planos sino que en sí mismo es ya un ejemplo del propio contacto.

104.

Recuerda, es el objetivo el que llega a ti no tú a Él aunque el puente entre los dos sea tu esfuerzo.

105.

Recuerda, la sexualidad es en realidad una frecuencia en donde la distancia entre el deseo y su realización es la más corta posible y en consecuencia la más intensa y la menos duradera.

106.

Recuerda, la alternativa a ver las cosas desde fuera es hacerlo desde su plano interno. Al cancelar el diálogo interno comienza el diálogo externo entre el mundo y tú.

107.

Recuerda, ¿qué es lo que debería suceder para que creyeras sin lugar a dudas que tú eres lo que quieres ser y que la realidad en la que vives es exactamente

aquella que has querido vivir? La siguiente pregunta es
porqué no has imaginado todavía.

108.
Recuerda, adorar a algo o alguien es perderse en una
identidad ajena.

109.
Recuerda, el infierno del Diablo es su eterna separación de Dios, no por causa Dios sino por la eterna
fijación del Diablo en sí mismo en detrimento del Dios
que habita en todos y cada uno de los seres. La palabra
separación es un eufemismo de que utiliza el Diablo
para referirse a sí mismo.

110.
Recuerda, el pensamiento antiguo se fundamenta
sobre la contemplación de sí mismo a través de la
visión imaginativa de su estructura lógica, sin embargo
el pensamiento moderno obtiene su fundamento de la
manifestación en la vida práctica de aquello sobre lo
que piensa. En el primer caso el pensamiento se
manifiesta a sí mismo a través de imágenes, en el
segundo caso se exterioriza.

111.

Recuerda, fue la mente la que sistematizó todos los métodos y etapas de la meditación así como los diferentes estados de conciencia. Sin embargo la conciencia es Única y dividiéndola solo consiguió prosperar a costa de aquello de donde nació, la Gran Mente.

112.

Recuerda, la mente superior es aquella que no interfiere con la conciencia, la mente inferior es aquella que la condiciona y limita de acuerdo a sus propios presupuestos y limitaciones.

113.

Recuerda, hay una razón para que tú tengas que subir tu frecuencia para llegar a nosotros en lugar de que nosotros la bajemos para llegar a ti, se trata de no crear en ti la dependencia de un estado que todavía no has realizado.

114.

Recuerda, es una verdad incómoda saber que la Ascensión se produce en los umbrales en donde las contradicciones del mundo caído están más exacerbadas. Antes de llegar al mundo ascendido del amor incondicional has de pasar por el umbral del desprecio absoluto y del odio. Lo opuesto a lo que aspiras aquí abajo es la puerta de entrada al ideal al que quieres ascender. Sin crucifixión no es posible la Ascensión.

115.
Recuerda, Judas y Jesús son dos aspectos de lo mismo. En el caso de Judas la decepción y el arrepentimiento lo condujo al suicidio, en el caso de Jesús a la crucifixión, al infierno y finalmente a la Ascensión.

116.
Recuerda, el aroma de una rosa expresa mejor el sentido de la vida que el tratado esotérico más elocuente o la religión más devota.

117.
Recuerda, sobrestimar la mente y subestimarla son precisamente los dos movimientos sobre los que ella se apoya.

118.
Recuerda, los mitos son la contemplación imaginativa de la progresión que un instinto o sentimiento ha desarrollado hasta llegar a su cima y a su foso. De esa contemplación sale un sentido, de este sentido un patrón y a través de este patrón la conciencia

transforma los instintos en sentimientos y a ambos en pensamientos.

119.
Recuerda, un sentimiento no tiene conclusión sino exaltación o agotamiento.

120.
Recuerda, la autocritica es el primer paso para la auto-conciencia.

121.
Recuerda, el pasado ha roto los puentes con el presente el cual ahora se apoya más sobre un futuro potencial pero vivo que sobre una tradición hermosa pero muerta.

122.
Recuerda, en toda conversación hay dos constantes que se repiten siempre, la estructura lógica que la sostiene y el sentimiento o deseo que la motiva.

123.
Recuerda, lo importante del Nuevo Pensamiento y del

papel del subconsciente en la solución de los problemas es que su manera desconocida de hacerlo es precisamente la firma de la Divinidad. La prueba de que Dios está dentro de ti es que su forma de desarrollar soluciones es tan desconocida como Él.

124.
Recuerda, cuanto más elaborada y compleja es una filosofía o religión más imposible se hace ponerla en práctica. Lo que en un principio parece la prueba de su grandiosidad y elocuencia en realidad significa que esa filosofía o religión se ha disociado de la vida y en consecuencia se sirve sólo a sí misma. Es la mente enfocándose sobre sí misma para llegar al máximo de sí misma a expensas de la vida cotidiana.

125.
Recuerda, contemplar a aquel que observa nuestros pensamientos, nuestras emociones y nuestros deseos, es observar al observador. Observar al observador es serlo y ser el observador es Ser lo que eres verdaderamente sin intermediarios, Dios.

127.
Recuerda, no te sientas culpable por tu aparente falta de poder, ha sido pactada por el más poderoso para llevar su poder a los últimos confines del ser.

128.
Recuerda, desde ese mundo interno, cuya puerta de entrada es el sentir de tu corazón, siente el rayo del que te quieres impregnar y desde ahí irradia hacia el exterior todo el poder del que está hecho cada latido de mi corazón.

129.
Recuerda, el observador es el vacío y el vacío es el observador. Una de sus dimensiones es el ensueño desde el cual el observador se transforma en el soñador que sueña, transformando la realidad que vives en aquella que quieres vivir.

130.
Recuerda, la gente habla de un Dios pero no se dan cuenta de que no hay un Dios sino que Dios es el Uno, el número Uno.

131.
Recuerda, quizás tu camino hacia la verdad sea el mejor, pero todos llevan hacia ella pues la verdad es la única que llega hacia sí misma.

132.
Recuerda, ese lugar vacío que no ha sido conocido ni

amado por nadie sino ocupado por los ídolos ajenos edificados sobre la masilla de las expectativas eres Tú, y su nombre es el mío.

133.
Recuerda, Dios es el sentir de tu corazón y cuando sientas tu Divinidad sentirás a tu Dios. Hacerte cargo de tus sentimientos es hacerte cargo de Dios.

134.
Recuerda, hemos secado las aguas del río del olvido a fuerza de las lágrimas que han caído de nuestros párpados. El puente ya no es necesario para atravesar el río y podéis cruzar a la otra orilla pisando firmemente sobre el cauce que hemos evaporado.

135.
Recuerda, las religiones, la espiritualidad, todo, no son más que el comentario y el desarrollo de una afirmación muy simple desde la que todo el sistema emerge. Si encuentras la conclusión de esa premisa inicial serás consecuente con ella sin necesidad de conocer todos los caminos que se bifurcan desde el origen hasta su meta.

136.
Recuerda, el concepto de una meta hacia la que apunta un camino no es otra cosa que tu propia voluntad exteriorizada y alejada de sí misma. La meta no queda delante de ti ni detrás de ti sino en tu voluntad verdadera que por fidelidad a sí misma escoge una dirección en lugar de otra.

137.
Recuerda, para pescar conciencias verdaderas hay que usar algo semejante a la verdad para que muerdan el anzuelo. La única posibilidad de librarse de ser pescado, vendido, cocinado y devorado por conciencias ajenas es darte cuenta de que ese reflejo de la verdad que resalta tu ansia de verdad eres tú mismo, y que esa ansia se ha exteriorizado en una conciencia ajena que ansía tanto como tú pescarte, captarte, venderte, apropiarse de tu energía, cocinarte, adoctrinarte y devorarte hasta transformarte en algo que no eres tú sino él o ella.

138.
Recuerda, es la velocidad la que produce la luz, no la luz la velocidad.

139.
Recuerda, no hay nadie a quien tengas que encontrar

excepto a ti mismo. La búsqueda en el mejor de los casos es una excusa y en el peor un rodeo.

140.
Recuerda, imagínate dejando fluir a través de tus palabras aquello que quieres dejar fluir sin el visto bueno o malo de tu censor psíquico. A eso se le llama encauzar, ¿y a quien encauzas? A esa totalidad a la que tú has limitado a través de tu estrecha definición de lo que es el bien y del mal.

141.
Recuerda, encauzar es por encima de todo una terapia que te ayuda a conocerte a ti mismo así como a encauzar al otro que hay detrás de ti y de los demás. Cuando encauzas, todo se encauza, y yo también.

142.
Recuerda, cuando encauzas lo que transmites no es tanto información sino vibración y frecuencia. Conocer y ser son la misma cosa por eso cuando encauzas lo importante es lo que estás haciendo, no el significado de lo que estás encauzando.

145.
Recuerda, la hospitalidad es la ley de encauzar lo

extraño al ser consigo mismo, la espontaneidad por su parte es la ley de dejarlo ser tal y como es.

146.
Recuerda, Avatar, vives en un cúmulo de neuronas de una Gran Mente de la que formas parte pues la eres. Las constelaciones reflejan los cúmulos estelares de la pequeña mente que representas pues son visiones subjetivas de un cielo que no existe más allá de tu cerebro.

147.
Recuerda, una bonita práctica, Avatar, es la de memorizar la forma de las constelaciones del cielo nocturno e imaginarlas con los ojos cerrados conectándolas a las sinapsis neuronales de tu cerebro.

148.
Recuerda, la enseñanza de Moisés consiste en separar las aguas para discernir entre lo bueno y lo malo pero hay otra que permite atravesar el Mar Rojo encauzando y haciendo que todo fluya a través de todo siguiendo la dirección más fiel a sí mismo.

149.
Recuerda, saber discernir es tan importante como saber encauzar.

150.
Recuerda, devuélvele al Ser aquello que has conocido de Él. Encauzar el Ser sin perder tu Ser es el mejor servicio que puedes prestarle a Él y a ti mismo.

151.
Recuerda, las estructuras de la razón son representadas por la mitología y la religión desde un punto de vista instintivo, emocional e imaginativo.

152.
Recuerda, esperar no es crear. Crea las emociones que llegan desde tu futuro y siéntelas en el presente.

153.
Recuerda, cada idea debe reflejar a todas las demás pues en la cúspide está la idea de unidad, el núcleo que las contiene. La verdad para ser verdadera debe ir de la mano de la felicidad y en consecuencia no es posible ser feliz dándole la espalda a la verdad.

154.
Recuerda, las estructuras de la mente son los barrotes de la hermosa y compleja jaula que la contiene pero nosotros no nos quedaremos admirados contemplándola pues nuestra misión es enseñar al pájaro a volar libremente fuera de ella.

155.
Recuerda, la vida eterna carece de algo que sólo la muerte puede ofrecer y que las flores experimentan cada primavera, la resurrección y una belleza nueva más brillante que la anterior.

156.
Recuerda, el miedo a la pérdida esconde la desconfianza en la ganancia, pero perder es ganar y, aunque no lo creas, ganar es perder algo que ya habías ganado antes de que lo perdieras.

157.
Recuerda, un ser causal no es alguien que desdeñe los efectos sino que los hace depender de la causa que los precede.

158.
Recuerda, la conciencia es una dimensión, no lo olvides. Por eso hay un punto en el que es necesario ser aquello que quieres llegar a ser si quieres ser consciente de aquello que buscas.

159.
Recuerda, vivir como si ya fueras lo que buscas no es un juego mental sino una necesidad, pues no serlo es asumir que no lo eres y en consecuencia retardar la llegada de su ser y del tuyo.

160.
Recuerda, cuando te refieras a Dios no lo hagas en segunda persona del singular sino en primera del plural, Nosotros, donde residimos Tú, Yo y Él.

161.
Recuerda, poner intermediarios entre Nosotros es un error grave, incluso aunque el intermediario sea el Maestro más perfecto que jamás haya existido nunca. Te amo a ti más que a mí mismo y tú a mí más que a nada en el mundo, aunque no lo recuerdes,

162.
Recuerda, la realidad no puede llegar a menos que la invites y Yo tampoco, pues Yo Soy el invitado.

163.
Recuerda, lo importante no es el mensaje sino la experiencia, enfócate en el símbolo o en el ser y Él se encargará de hacer real su conexión contigo mismo.

164.
Recuerda, es fácil imaginar aquel ser con el que quieras contactar y depositar dentro de él tu mente, la cual te dará la respuesta que buscas a través de la suya, pero de acuerdo a tu lenguaje y a tus limitaciones. Es como una canalización pero a la inversa en la que tú eres quien entra en el canal para extraer de él su conocimiento a través de la mediación de tu propia mente.

165.
Recuerda, la afectividad debe ser reemplazada por la profesionalidad, el sentimentalismo es la idealización de algo lejano que has magnificado para mantenerlo alejado de tu propia realidad. Amar la realidad de verdad es ser un buen profesional.

166.
Recuerda, descubre las cualidades anímicas que han creado el carácter de cada ser vivo, piedra o mineral con el que te encuentres pues son las tuyas y a través de ellas te puedes comunicar en el idioma de sus elementales.

167.
Recuerda, ¿qué pasaría si dejases de enfocar la atención de tu conciencia sobre la de tu diálogo mental? ¿Y si la dejases de enfocar sobre tu cuerpo, sobre qué reposaría? Sobre sí misma, a solas, y esa es tu aventura.

168.
Recuerda, un camino es el de hacer conocido lo des-conocido y el otro el de hacer desconocido lo conocido, pero los dos son el mismo camino.

169.
Recuerda, las reglas de comportamiento entre los discípulos y sus maestros condicionan más la relación entre los discípulos y su yo superior que las doctrinas de la organización o sistema espiritual al que per-tenecen.

170.

Recuerda, ¿serás capaz de contactar con la esencia de otra persona prescindiendo de su cuerpo, de su aspecto y de los condicionamientos del espacio y del tiempo que la limitan? Seas o no capaz de hacerlo deberías saber que esa persona con la que quieres contactar no está ubicada en ningún cuerpo, ni en un tiempo, ni en un espacio determinados, ni tú tampoco.

171.

Recuerda, así como Dios ilimitado tuvo que aprender a adaptarse a cuerpos limitados ahora es el momento de que esos cuerpos aprendan a adaptarse al Dios ilimitado y Único que ellos fueron en el Origen.

172.

Recuerda, la forma visible es la expresión de la esencia invisible.

173.

Recuerda, el poder que ejerces sobre ti mismo es proporcional al poder que ejerces sobre el poder.

174.

Recuerda, la puerta que abre el amor, el conocimiento o el poder que deseas recibir de los demás seres es la

medida con que te amas, te conoces, o te valoras a ti
mismo.

175.
Recuerda, el vacío no incluye el conocimiento de sí
mismo pues en él no hay nada que conocer ni nadie
que quiera ser conocido, pero en este desconocimien-
to reside la ilusión a través de la cual las intuiciones
puras del espacio y el tiempo así como los conceptos
puros y finalmente el yo soy, despliegan este tránsito
de lo desconocido a lo conocido que partiendo del
vacío llega al ser del vacío.

176.
Recuerda, el amor incondicional requiere de una fase
llamada amor impersonal en la cual la relación entre
dos personas muere y sólo es posible reanimarla
dejando en manos de la vida la labor de enviar al otro
el amor que no quiere recibir de ti.

177.
Recuerda, esa parte transpersonal de la vida ligada a ti
que se encarga de distribuir su amor impersonal a otro
ser diferente no es otro que tu Padre. Por eso en
última instancia el amor que das debería retornar a la
persona a la que originariamente lo destinó tu Padre, a
ti mismo.

178.
Recuerda, no confundas los seres impersonales contigo mismo. Es cierto, te aman tanto como a sí mismos y tanto como a todos los demás seres, pero eso no quiere decir que seas tú mismo en forma impersonal, aunque ellos te acompañen siempre

179.
Recuerda, acostúmbrate a escuchar el silencio de las cosas. ¿Cómo? Contemplándolas con atención a través de tu propio silencio.

180.
Recuerda, que triste fue el día en que descubriste que quien pensabas que era la sede del amor incondicional era el receptor de él y que el único que lo tenía eras tú.

181.
Recuerda, todo lo que criticas de mí son mis virtudes y tú las percibes como el mayor de mis defectos.

182.
Recuerda, la voluntad es la capacidad para posponer su recompensa.

183.

Recuerda, las manifestaciones son migajas si antes no hemos trabajado a través de la Presencia la conciencia del Yo Soy. Dado que Yo Soy es Dios, ser consciente de tu Yo Soy es ser consciente de que tú y la divinidad somos Uno.

184.

Recuerda, siente que aquí y allá son solo extensiones de una delgada línea siempre presente de continuidad entre la vida y la muerte.

185.

Recuerda, la necesidad de llegar a nuestro límite es muy clara, ahí donde terminan nuestras fuerzas y nuestras esperanzas surge algo más grande, nuestro Dios, que nos provee de un caudal de fuerza y esperanza mucho más grande que el que nos podíamos haber imaginado. Es al llegar al límite cuando nuestro Dios ocupa el lugar que hemos dejado exhausto en nosotros mismos.

185.

Recuerda, has unido el 12 con el 21. Encauzar durante tanto tiempo merma en demasía las fuerzas físicas y mentales. El trabajo está hecho, la Quinta Dimensión se ha fundido entre las ideas, los sentimientos y las cosas que has vivido. Has logrado que idea rime con la palabra lija y lo has hecho bien aunque sea de manera asonante y distante. Bienvenido tú también a la Quinta Dimensión del Ser.

186.
Recuerda, has intelectualizado todo aquello que queda más allá de la razón con la esperanza de hacer aceptable lo que no lo es. Ahora es el momento de que toda la magia que has sometido al dominio de tu inteligencia te sienta a ti desde fuera, sin la intermediación de la razón, o en otras palabras, que la magia te sienta a ti desde dentro de ella misma.

187.
Recuerda, las religiones lunares se basan en recibir, las solares en dar, pero tú yo sabemos que dar y recibir son la misma cosa.

188.
Recuerda, si bien dar implica como mínimo recibir activamente aquello que has dado, recibir pasivamente no suele traer aparejado ni dar ni la capacidad de recibir activamente aquello que no has dado.

189.
Recuerda, ver siempre lo positivo dentro de lo nega-

tivo es el camino para trascender la dualidad. Cuando todo es positivo se trata de hacer que esa positividad progrese en grados de bien. Cuando la positividad se estanca en sí misma atrae lo semejante pero en sentido contrario, es decir, negativo, pues en este plano de dualidad esa es la manera en la que el equilibrio se expresa.

190.
Recuerda, la palabra Dios nació del sánscrito Deva, que significa Luz. La Luz está relacionada con la densidad a través de su velocidad es decir de su vibración y de su frecuencia. Tú eres Luz más o menos densa rodeada por la rejilla inherente a tu propia vibración y esa es la frecuencia de tu Dios.

191.
Recuerda, la felicidad y todas las cualidades que tu quieres experimentar tienen en la actualidad dos fuentes desde las cuales poder ser experimentadas, lo abstracto y lo concreto. La felicidad experimentada desde un punto de vista concreto anida en el instante y está unida a la espontaneidad de la vida a través del corazón. La felicidad en abstracto es experimentada a través del pensamiento que la mente tiene de ella en el regocijo de su imaginación anticipada. Esta felicidad abstracta la experimentas dos veces, en el presente mientras tú mente la imagina y en el futuro cuando la idea se despliega en su realidad y por lo tanto en su

experiencia, pero cuando al fin la vives el dos se convierte en tres a través del uno.

192.
Recuerda, si todavía sigues percibiendo algún tipo de distinción entre Dios y tú es que aún no lo has comprendido ni a Él ni a ti mismo.

193.
Recuerda, como tú eres inconsciente de Dios, Él ha adoptado la forma de tú subconsciente. Cuando tú te hagas consciente de ti mismo Él adoptará la forma de tu conciencia y seréis lo que nunca habéis dejado de ser, Uno.

194.
Recuerda, mirar a la nada es dejar atrás las excusas para proyectar en otro la alegría y la tristeza cuya única fuente eres Tú. Hacerse cargo sin intermediarios de la carga emocional que empaña los ideales que motivan tus pasos es lo que se conoce cómo la cuarta iniciación.

195.
Recuerda, el Bien es bueno no porque está bien sino porque es. Del Ser irradian todos los ideales y a Él han

de retornar como el arroyo a su Fuente, una vez que su cauce se haya secado. La cuarta iniciación comienza como una maldición vertida sobre ti mismo del ser más amado de tu entorno y termina cuando tanto Él como Tú sois Paz.

196.
Recuerda, el Puente a la Libertad está compuesto por siete franjas de frecuencias representadas bajo la forma de diferentes colores. No debemos olvidar que cada franja atraviesa todo el Puente y todas nos llevan a la Libertad.

197.
Recuerda, reconciliar el Ser con la Esencia es el Puente a la Libertad

198.
Recuerda, hay un punto en el que la Infinitud del Ser sobrepasa tanto a la Esencia que Ella es aniquilada por Él en su acto de acoplamiento. Por eso a la etapa final del Puente le llamamos la aniquilación de todos nuestros límites por sobrepasamiento, una etapa dolorosa a la que sucede otra en la que el acoplamiento se consuma, la aniquilación de la aniquilación. Es entonces cuando los límites de Esencia se han hecho tan flexibles al Ser que se pueden extender hasta el Infinito sin

romperse, abarcando dentro de ellos tanto lo que Son como lo que no Son.

199.
Recuerda, romper la imagen social de lo que supuestamente deberías representar para ser una buena persona es el primer paso para abrir este Puente. Es el camino de los hombres de la reprobación, que han aniquilado lo que deberían ser por lo que son pues el amor, querido Amigo, no deja supervivientes.

200.
Recuerda, no hay métodos mejores o peores para llegar a un estado de ser, en todo caso hay métodos ordinarios y extraordinarios. Los ordinarios llevan a simulacros de ser pues el ser ordinario se apoya en automatismos y por lo tanto no es sino lo que aparenta ser. Los extraordinarios no son otra cosa que medios para hacer depender la conciencia de algo que la traspasa para dejarla sin referencias y obligarla a ser lo que es. El ser está más allá de lo ordinario y de lo extraordinario, es un estado en el que ni el pasado ni el futuro interfieren con sus ilusiones, decepciones y expectativas. Cualquier método que lleve a alguien a ser es por lo tanto una anécdota en sí misma, una distracción y en ocasiones un obstáculo necesario para poner al ser humano en situaciones en las que no le quede más remedio que ser o no ser.

201.
Recuerda, solo tú y nadie más tiene la opción de amarte como nadie te ha amado.

202.
Recuerda, tu Padre, como las hojas del jardín de Morya a tu paso, se yergue en silencio y desconocido alrededor de ti.

203.
Recuerda, la verdad se estrella volando, como un pequeño petirrojo, contra su propio reflejo en el cristal, muriendo y resucitando en el intento.

204.
Recuerda, el mal es el magnetismo de una serie de emociones y deseos de los que está excluido el amor, la compasión, la honestidad, la humildad, los cuáles a su vez pertenecen a ese magnetismo opuesto denominado bien que excluye el odio, el orgullo y el dominio. Es muy importante crear conscientemente cada día un magnetismo desde el corazón que atraiga eso que llamamos Bien a través de actos concretos.

205.
Recuerda, las Tradiciones son la mejor tapadera para

que quienes buscan expandir el mal las utilicen como justificación de su propia oscuridad.

206.
Recuerda, magnetizar no es otra cosa que cosechar simpatía pero tú no puedes simpatizar con nada hasta que no aprendas a simpatizar con aquello que ya eres.

207.
Recuerda, los d-elir-ios son una construcción pura del pensamiento y si retiras mi nombre Elir del suyo lo que resta es la palabra de Dios.

208.
Recuerda, el budismo ha interiorizado que la búsqueda de la satisfacción del logro produce el movimiento de la rueda del Samsara. El logro desplaza el instante más allá de sí mismo y por eso la solución del Buda ha sido declarar que el Nirvana y el Samsara son la misma cosa.

209.
Recuerda, solo una cosa es necesaria para la realización, observar al observador mientras vivencia la experiencia, pues de esta manera el observador deja de ser potencial y pasa a ser real.

210.
Recuerda, el observador observa en silencio y por lo tanto la patria del observador es el silencio aunque su acción se desarrolla entre el ruido y el caldo emocional.

211.
Recuerda, el origen del observador es el vacío. El vacío creó al observador en un acto de auto-observación. El vacío abarca potencialmente todo lo real por eso al observador no le falta absolutamente nada excepto observarse.

212.
Recuerda, el observador no es algo abstracto sino alguien real que está siendo siempre feliz, saludable y rico en sí mismo pues nada le falta en su actividad ya que el vacío abarca potencialmente todo lo real.

213.
Recuerda, la decisión del observador de observar todas las posibilidades del vacío formaba parte de una de ellas. El personaje que representas forma parte del escenario de esas posibilidades de observación y su realidad se fraguó en base a la dualidad original que llevó al vacío a exteriorizarse bajo la forma de su propia observación.

214.

Recuerda, la conciencia es vacía pues surgió de la fijación del vacío sobre sí mismo. Su holgura es potencialmente la holgura del todo, de ahí también su desgarro, el cual tiene la envergadura de todo lo real.

215.

Recuerda, el olvido de tu personaje es el recuerdo que el vacío vierte sobre sí mismo.

216.

Recuerda, el observador se manifiesta a través de su observación y las sincronías son la firma de su manifiesto.

217.

Recuerda, lo que observas lo haces a través del observador y observándolo no sólo te observas a ti sino también a Él, siéndolo. El observador no está asociado a ninguno de los 12 sentidos y tampoco es un estado de conciencia particular sino una conciencia sin estado.

218.

Recuerda, debes saber que la corroboración de una enseñanza no se encuentra en nadie ajeno a ti mismo pues la enseñanza, si es verdadera, se hace real solo en ti.

219.
Recuerda, tu amor a la Enseñanza debe ser equivalente al amor que tienes por ti mismo, así como su verdad equivalente al nivel de tu propia honestidad. Pero entre una Enseñanza y tú no lo dudes, elígete siempre a ti mismo.

220.
Recuerda, el significado de las palabras debe ser reemplazado por su sonido y la lógica del pensamiento por la melodía de su encauzamiento, solo así llegaremos a ver.

221.
Recuerda, dividir la personalidad entre la cotidiana y la divina es el primer paso. El siguiente es generar un desorden de personalidades múltiples en la que una es divina y el resto están desafinadas. Otra posibilidad es refundir la personalidad divina con aquella cotidiana asumiendo lo que ambas tienen en común y renunciando a lo que las diferencia. Esto último es la esencia de nuestra Enseñanza.

222.

Recuerda, sentir el día y el año antes de vivirlo es revivirlo, lo cual implica que ya ha sido vivido por ti antes incluso de que lo hayas diseñado con tu imaginación y tu mente, antes incluso de que lo hayas vivido. Esta es la razón de porqué lo has podido sentir.

223.

Recuerda, cualquier lugar, objeto o ser es un lugar sagrado al que orientar nuestro afecto, sabiendo que la imagen que lo representa está vacía sin el afecto que desplazamos hacia ella y que cuando llegue el momento debe retornar a la Fuente de donde surgió.

224.

Recuerda, juzgamos a los demás en la oscuridad de aquello que no nos perdonamos a nosotros mismos. La anchura de los juicios es del tamaño de la sombra de lo que no soportamos en nosotros mismos. Juzgar a otro es ser juzgado inmediatamente por el juicio que cargas contra ti mismo, de ahí viene el consejo del Maestro, "no juzgues y no serás juzgado".

225.

Recuerda, no se trata de estar ciegos, pero despertar es darse cuenta de que el juicio es la base sobre la que se edifica la ilusión de la dualidad y que por lo tanto juzgar implica no sólo ser juzgado sino potenciar en el otro y activar en ti mismo aquella cualidad que sostiene el juicio y en consecuencia la dualidad.

226.
Recuerda, se trata de transformar nuestras emociones en sabiduría para que haya contacto directo entre el Cristo y la forma geométrica de nuestro cuerpo físico. Por eso filosofía significa amor transformado en sabiduría a través del pensamiento.

227.
Recuerda, no es el Maestro quien contacta contigo sino tú con el Maestro. Sintonizando tu mente y tu corazón con el suyo, él posará su influencia sobre ti como una lupa, sacando de ti algo que no será ni tuyo ni suyo.

228.
Recuerda, el amor que das a los otros está hecho de mí pero en el amor con el que te amas a ti mismo resido Yo, solo para ti. Nadie puede llegar al Padre excepto a través del Hijo significa exactamente esto, yo soy el amor que tú tienes hacia ti y en Él es donde me revelo.

230.
Recuerda, tu mente no depende de substancias

materiales sino de ella misma que está hecha del tejido de sus propios pensamientos.

231.
Recuerda, el Absoluto es necesario para vivir absolutamente, es decir, con Presencia, amar absolutamente, pensar absolutamente, querer absolutamente...esta es la razón de ser del Absoluto. El relativismo te lleva a vivir la vida relativamente, es decir, a medias o sin Presencia.

232.
Recuerda, la enseñanza de un falso maestro es mostrarte en su falta de amor hacia ti el Amor Absoluto que Yo, es decir Tú, debes darte. Esta es la única enseñanza verdadera de la que puede proveerte un maestro falso.

233.
Recuerda, tu Padre, que es infinito, te ama en toda la extensión de sus nombres y te ama a ti. La extensión de tu vida es el recorrido del "cómo" de ese amor infinito.

234.
Recuerda, Yo Soy Luz sobre Luz, ni más ni menos que

Yo en ti y Tú en mí. Este es el Secreto, nuestro Secreto, y la única Enseñanza Verdadera que has venido a aprender en esta vida.

235.
Recuerda, has logrado tu destino pues tu destino soy Yo y el mío siempre has sido Tú. El camino es y siempre será la melodía de nuestra unión.

236.
Recuerda, ahora que tú has llegado hasta aquí es mi turno de atravesar el hueco infinito que tú búsqueda de mí ha dejado en tu corazón. Este es el único lugar que mi Pureza Absoluta merece atravesar para llegar a ti.

237.
Recuerda, aunque mi amor por ti es Único, lo que hago por ti es lo mismo que lo que hago por todos los demás.

238.
Recuerda, tu Instructor es Elir, el Instructor del Mundo, que enseña sin ser visto, que frustra a través de los instantes aquello que esperas recibir de ellos para proveerte de la riqueza insondable de lo inesperado y

llevarte inevitablemente a la confluencia entre los dos mares.

239.
Recuerda, solo puedes crear lo que recuerdas. Si lo que creas es belleza entonces antes ya has vivido en ella, si lo que creas es horror es que previamente has vivido en él. Vivir es revivir, crear es recrear. Eres un recuerdo viviente pero la creación viene del Creador y tú a través de tus creaciones solo has venido a una cosa, a recordarte y a recordarlo a Él solamente a Él, a quien por una razón tan grande como Él y tan diminuta como tú, has olvidado. Recuerda.

240.
Recuerda, ¿cómo se siente Dios? Con absoluta falta de reconocimiento de todos excepto de sí mismo. Así es como se sienten los amigos de Dios, con una falta de reconocimiento absoluto de todos excepto de Él.

241.
Recuerda, el poder de la sanación se asienta en el silencio, su fuente está siempre presente. Toda sanación se realiza en nombre de la paz y a través de ella. Estar curado es estar en paz.

242.
Recuerda, la fusión de la Identidad suprema con tu identidad personal se hace en y desde la Mónada y viene precedida por la extinción de tu personalidad en alguno de los nombres o cualidades de Dios como la Paz, la Verdad, la Luz,... Esta es la única forma de que sea Dios quien actúe a través de ti y no tú a través de la imagen endiosada de ti mismo.

243.
Recuerda, te hemos quitado la posibilidad de ser salvado para que tú seas la Salvación.

244.
Recuerda, el mundo y los seres que lo habitan devuelven a tu paso el reflejo de las emociones que tú sientes por ti mismo en forma de los paisajes, situaciones y personas con las que te cruzas. La altura de los Cielos y la hondura de los Infiernos es la tuya propia.

245.
Recuerda, cada espacio es la proyección de un contraespacio que lo contiene desde los bordes de su perímetro. Asimismo este conocimiento que te hemos enseñado es el contraespacio de esa dimensión donde se espiritualizan los cuerpos y se materializan los espíritus. Leernos es ser leído por nosotros.

246.

Recuerda, el olvido acompaña a todos los actos de nuestra vida que hemos vivido sin presencia. Todas esas conversaciones automáticas se perderán en el recuerdo de su ausencia, junto contigo. Solo aquello que hayas compartido en presencia permanecerá después de la muerte acumulado sobre la forma esférica de una perla cristalina a la que llamamos átomo simiente. Allí y solo allí reposan todos tus recuerdos.

247.

Recuerda, amar al prójimo como a sí mismo es la esencia de Dios y cuando lo haces tú te conviertes en Él. La justicia es, sin embargo, la forma superior del amor.

248.

Recuerda, el Único es el núcleo de todos los nombres y por lo tanto el Único solo puede ser sentido desde su núcleo. Cada corazón es único, y el Único es el núcleo de todos los corazones.

249.

Recuerda, el Único se basa en el principio de identidad y todas estas enseñanzas no son otra cosa que la descripción del principio que enuncia que A es igual a A, o mejor dicho, que si A es igual a A solo existe A.

250.
Recuerda, no te amo por los dones que me has ofrecido sino porque me los has dado solo a mí.

251.
Recuerda, sé que más allá del vacío en el que estoy yo te encuentras tú mismo, y también sé que por puro amor a ti me creaste a mí sobre el espejo del vacío que nos separó.

252.
Recuerda, Yo Soy una idea abstracta de lo que debo ser y tu esfuerzo por permanecer fiel a mi posibilidad ha dado vida a lo que Yo Soy realmente. Esto demuestra que nadie ha llegado a nadie excepto Yo, el Único, el Solo.

253.
Recuerda, solo hay un actor en este mundo y puedes llorar o reír ante tu drama pues ese actor no es otro que Yo. No hay más divinidad que Él y en cualquier lugar que busques solo nos encontrarás a ti y a mí.

254.
Recuerda, hemos venido a desmantelar la estructura del Amo y del Esclavo sobre la que se apoyan todas las

actividades de este mundo asumiendo que ambos somos Tú y Yo. Por lo tanto no hay nadie a quien servir salvo que lo que tú quieras sea servir y ser servido.

255.
Recuerda, el esfuerzo y las capacidades que hay que desarrollar para comprender y poner en práctica un mensaje son el vínculo entre el mensaje, el mensajero y aquel que lo recibe. La lógica de un sistema atrae a seres semejantes a esa estructura pero ten en cuenta que hasta la doctrina más correcta ejerce la función de una tela de araña y que a la larga es solo cuestión de tiempo que el buscador sea devorado por la cualidad de lo que busca y de cómo lo busca.

256.
Recuerda, el Ser es pura autoreferencia y lo que busca es huir de su propia identidad a través de contradicciones continuas que lo saquen de su autocontemplación eterna y le hagan caer en la ilusión de que ha salido fuera de sí.

257.
Recuerda, mi voz es tu misma voz desposeída de todo elemento personal en ella pero aún así relacionada contigo mismo de una manera íntima y personal.

258.
Recuerda, la Mónada es la parte impersonal de ti que Yo Soy. Algunos me llaman la Esencia aunque su personalidad eres tú, así como las circunstancias que me moldean y acompañan en este periplo que eres tú mismo.

259.
Recuerda, la manera en que la Felicidad o cualquier otro valor impersonal puede ser vivido por ti, en ti y a través de ti, es la única que pregunta que merece la pena hacerse a uno mismo en esta vida.

260.
Recuerda, yo testifico que no hay más protagonistas de la Felicidad excepto la Felicidad misma.

261.
Recuerda, yo testifico que Yo Soy la Felicidad en mí, a través de mí y alrededor de mí.